BEI GRIN MACHT SICH IHR WISSEN BEZAHLT

- Wir veröffentlichen Ihre Hausarbeit,
  Bachelor- und Masterarbeit

- Ihr eigenes eBook und Buch -
  weltweit in allen wichtigen Shops

- Verdienen Sie an jedem Verkauf

Jetzt bei www.GRIN.com hochladen und kostenlos publizieren

Beweglichkeitstestung und Trainingsplanerstellung. Trainingslehre III

GRIN ☺

Bibliografische Information der Deutschen Nationalbibliothek:

Die Deutsche Nationalbibliothek verzeichnet diese Publikation in der
Deutschen Nationalbibliografie; detaillierte bibliografische Daten sind
im Internet über http://dnb.d-nb.de abrufbar.

ISBN: 9783346868022
Dieses Buch ist auch als E-Book erhältlich.

© GRIN Publishing GmbH
Trappentreustraße 1
80339 München

Alle Rechte vorbehalten

Druck und Bindung: Books on Demand GmbH, Norderstedt Germany
Gedruckt auf säurefreiem Papier aus verantwortungsvollen Quellen

Das vorliegende Werk wurde sorgfältig erarbeitet. Dennoch
übernehmen Autoren und Verlag für die Richtigkeit von Angaben,
Hinweisen, Links und Ratschlägen sowie eventuelle Druckfehler keine
Haftung.

Das Buch bei GRIN: https://www.grin.com/document/1354991

Deutsche Hochschule für
Prävention und Gesundheitsmanagement
Hermann-Neuberger-Sportschule 3
66123 Saarbrücken

Hausarbeit

Studiengang	Fitnessökonomie
Studienmodul	Trainingslehre 3

Inhaltsverzeichnis

3

1 Teilaufgabe 1 – Personendaten

1.1 Personendaten und Gesundheitszustand

Tab. 1: Personendaten und Gesundheitszustand (eigene Darstellung)

Allgemeine Personendaten	
Alter	22 Jahre
Geschlecht	Männlich
Körpergröße	181 cm
Körpergewicht	85 kg
Trainingsmotive	Muskelaufbau / Bodybuilding
Berufliche Tätigkeit	Dualer Student, überwiegend gehend oder stehend; 30 Stunden pro Woche arbeitend
Aktuelle sportliche Aktivität	6-mal pro Woche intensives Krafttraining; 2-mal pro Woche lockeres Ausdauertraining
Frühere sportliche Aktivität	Laufsport auf leistungssportlichem Niveau (10KM bis Halbmarathon)
Zeitlicher Verfügungsrahmen	7 Tage die Woche
Allgemeiner Gesundheitszustand	
Orthopädische Probleme	Leichter Knick-Senkfuß
Internistische Probleme	/
Ärztliche Behandlung	/
Einnahme von Medikamenten	/
Sonstige gesundheitliche Einschränkungen	Keinerlei sonstigen gesundheitlichen Einschränkungen

1.2 Bewertung der personenbezogenen Daten im Hinblick auf die Belastbarkeit bzw. Trainierbarkeit der Person

Die Testperson verfügt über eine ausgezeichnete Ausgangslage, bezogen sowohl auf die physische als auch psychische Belastbarkeit und Trainierbarkeit. Ihr Zustand reduziert mögliche Komplikationen somit auf ein Minimum. Bis auf einen leichten Knick-Senkfuß, welcher bereits durch Einlagen unterstützt wird, weist die Testperson sonst keinerlei gesundheitlichen Einschränkungen auf, was eine optimale Trainierbarkeit sicher stellt.

2 Teilaufgabe 2 – Beweglichkeitstestung

2.1 Testdurchführung

In der folgenden Beweglichkeitstestung wurde sich auf das vereinfachte Testverfahren der manuellen Muskelfunktionsdiagnostik nach Janda (2000) beschränkt.

Dieses Testverfahren untersucht verschiedene Muskelgruppen auf ihre Beweglichkeit und gibt so Aufschluss darüber, ob mögliche Muskeldysbalancen oder ähnliche Defizite vorliegen. Zunächst wird der Ablauf der Testdurchführung festgehalten und anschließend ein Vergleich mit den Normwerten erstellt.

2.1.1 Testung m. pectoralis major

Tab. 2: Beweglichkeitstestung m. pectoralis major (eigene Darstellung)

Zu testende Muskulatur:	Brustmuskulatur (m. pectoralis major)
Ablauf der Testdurchführung:	1. Die Testperson legt sich mit dem Rücken nach unten auf eine Behandlungsliege. Beide Beine werden im Kniegelenk gebeugt. 2. Das Becken bleibt fixiert und hebt nicht ab, um Verfälschung der Testergebnisse zu vermeiden. 3. Die jeweils zu testende Seite der Brustmuskulatur beziehungsweise der jeweils daran beteiligte Arm, muss sich hierbei in einer, vom Schultergelenk abduzierten und außenrotierten Position befinden, wobei zusätzlich eine Flexion von 90° im Ellbogengelenk vorliegen muss. 4. Anschließend senkt die Testperson nun ihren, in Position gebrachten Arm, allmählich so weit ab, bis das maximale Bewegungsausmaß erreicht ist. Dabei wird der Brustkorb des Probanden, vom Tester leicht fixiert. 5. Das Verhältnis der Horizontalen vom Oberarm zur Liege, gilt hier als Anhaltspunkt zur Messung des möglichen Bewegungsausmaßes.

2.1.2 Testung m. iliopsoas

Tab. 3: Beweglichkeitstestung m. iliopsoas (eigene Darstellung)

Zu testende Muskulatur:	Hüftbeugemuskulatur (m. iliopsoas)
Ablauf der Testdurchführung:	1. Der Proband bleibt in Rückenlage auf der Therapieliege liegen. Sein Gesäß schließt bündig mit dem Ende der Liege ab, so, dass beide seiner Beine überhängen. 2. Die Fixierung des Beckens und der Lendenwirbelsäule ist auch hier sehr wichtig, um eine Verfälschung der Testergebnisse zu verhindern. 3. Während die zu testende Person ein Bein, im Kniegelenk maximal beugt und in Richtung Oberkörper hinzieht, wird das andere Bein weiterhin im Überhang hängen gelassen. 4. Als Maßstab bezogen auf die Beweglichkeit, dient der Winkel des Oberschenkels (im Überhang) im Verhältnis zur Horizontalen des Oberkörpers.

2.1.3 Testung m. rectus femoris

Tab. 4: Beweglichkeitstestung m. rectus femoris (eigene Darstellung)

Zu testende Muskulatur:	Kniestreckmuskulatur (m. rectus femoris)
Ablauf der Testdurchführung:	1. Der Proband nimmt auch hier zunächst wieder die Rückenlage auf der Behandlungsliege ein. Das Gesäß schließt mit dem Ende der Liege ab und die Beine hängen über. Das Becken sowie die Lendenwirbelsäule bleiben auf der Liege fixiert. 2. Während der Proband ein Bein im Kniegelenk beugt und zum Oberkörper herangezogen hat, lässt er parallel dazu, das andere Bein über den Liegenrand hinunter hängen. 3. Das hinab hängende Bein wird nun in eine maximal mögliche Hüftextension gebracht, wobei das Ausmaß der möglichen Beweglichkeit anhand des Winkels zwischen Oberschenkel und Unterschenkel festgestellt wird. 4. Je kleiner der Kniebeugewinkel ist, desto beweglicher ist die zu testende Person.

2.1.4   Testung Mm. ischiocrurales

Tab. 5: Beweglichkeitstestung Mm. ischiocurales (eigene Darstellung)

Zu testende Muskulatur:	Beinbeugemuskulatur (Mm. ischiocurales)
Ablauf der Testdurchführung:	1. Die Testperson legt sich nun mit komplett ausgestreck-tem Körper auf die Therapieliege. 2. Die Lendenwirbelsäule und das Becken dürfen nicht ab-heben, da sonst die Testergebnisse verfälscht werden. 3. Das nicht zu testende Bein wird im Knie- und Hüftgelenk gebeugt, so dass es auf der Liege aufsetzt. 4. Das zu testende Bein wird nun vom Tester in die maxi-male Hüftextension geführt, wobei die Kniescheibe hier nicht fixiert werden darf. Das Kniegelenk muss zudem ma-ximal gestreckt sein. 5. Der hier entstehende Winkel der durch di Hüftflexion ent-steht gibt Aufschluss über die Beweglichkeit der ischio-curalen Muskulatur des Probanden.

2.1.5   Testung Mm. triceps surae

Tab. 6: Beweglichkeitstestung Mm. triceps surae (eigene Darstellung)

Zu testende Muskulatur:	Wadenmuskulatur (Mm. triceps surae)
Ablauf der Testdurchführung:	1. Der Proband platziert sich mit Rückenlage auf einer Be-handlungsliege, wobei das nicht zu testende Bein ange-winkelt auf der Liege aufsetzt und das zu testende Bein gestreckt auf der Liege aufliegt. Die distale Unterschenkel-hälfte hängt am Ende der Liege über. 2. Als nächstes wird das Fersenbein der Testperson, vom Tester am distalen Ende des Fußes gegriffen, während er mit der anderen Hand den Fuß von der äußeren Fußkante her greift. 3. Nun wird am testenden Fuß, vom Tester distalwärts Richtung Ferse gezogen. Mit der anderen Hand wird der Fuß parallel dazu, mit leichtem Druck am Fußrand, in die maximale Dorsalextension gebracht. 4. Anhand des hier entstehenden Winkels der Dorsalex-tension zwischen dem Fuß und dem Unterschenkel, lässt sich nun die Beweglichkeit der Wadenmuskulatur feststel-len. Zur isolierten Beweglichkeitsfeststellung des m. soleus muss das Bein zusätzlich im Kniegelenk gebeugt werden.

2.2 Darstellung Testergebnisse und Norm-Werte

Tab. 7: Testergebnisse Beweglichkeitstestung (eigene Darstellung)

Muskelgruppe/Testübung	Testergebnisse/Ist-Wert Beweglichkeit	Norm-Werte Beweglichkeit
Brustmuskulatur (m. pectoralis major)	Stufe 0: Die Testperson erreichte ohne Probleme die Horizontale Ebene mit beiden Armen. Der Winkel konnte durch zusätzliche Druckausübung nochmals vergrößert werden.	**Stufe 0:** Keine Beweglichkeitsdefizite; Oberarm erreicht die Horizontale; durch leichten Druck des Testers kann Oberarm unter die Horizontale bewegt werden. **Stufe 1:** Leichte Beweglichkeitsdefizite; Oberarm erreicht die Horizontale nicht; durch leichten Druck des Testers kann Oberarm bis zur Horizontale bewegt werden. **Stufe 2:** Deutliche Beweglichkeitsdefizite; Oberarm erreicht Horizontale auch durch Druck des Testes nicht. (nach Janda, 2000, S. 271)
Kniestreckmuskulatur (insb. m. rectus femoris)	Stufe 0: Die Testperson weist hier keinerlei Bewegungsdefizite auf. Sowohl der linke als auch der rechte Unterschenkel hängen im 90° Winkel zum Oberschenkel herunter, wobei der Winkel durch zusätzlichen Druck noch verkleinert werden kann.	**Stufe 0:** Keine Beweglichkeitsdefizite; Unterschenkel hängt senkrecht herab; durch leichten Druck des Testers ist es möglich, die Kniebeugung zu vergrößern. **Stufe 1:** Leichte Beweglichkeitsdefizite; Unterschenkel ist leicht nach vorne gestreckt; durch leichten Druck des Testers ist es möglich, einen 90° Kniebeugewinkel zu erreichen. **Stufe 2:** Deutliche Beweglichkeitsdefizite; Unterschenkel ist deutlich nach vorne gestreckt; auch durch Druck des Testers wird 90° Kniebeugewinkel nicht erreicht. (nach Janda, 2000, S. 259)

Muskelgruppe/Testübung	Testergebnisse/Ist-Wert Beweglichkeit	Norm-Werte Beweglichkeit
Hüftbeugemuskulatur (insb. m. iliopsoas)	Stufe 1: Bei der Testung der Hüftbeugemuskulatur weist der Proband ein leichtes Defizit auf. Erst durch zusätzlichen Druck des Testers auf den Oberschenkel kann die horizontale Lage erreicht werden.	**Stufe 0**: Keine Beweglichkeitsdefizite; Oberschenkel erreicht Horizontale; durch leichten Druck des Testers kann Oberschenkel unter Horizontale bewegt werden. **Stufe 1**: Leichte Beweglichkeitsdefizite; leichte Hüftbeugestellung; durch leichten Druck des Testers kann Oberschenkel bis zur Horizontale bewegt werden. **Stufe 2**: Deutliche Beweglichkeitsdefizite; Oberschenkel erreicht Horizontale auch durch Druck des Testers nicht. (nach Janda, 2000, S. 259)
Kniebeugemuskulatur (Mm. ischiocrurales)	Stufe 1: Bei dieser Testung, weist der Proband leichte Beweglichkeitsdefizite auf. Während das linke Bein weniger stark eingeschränkt ist, lässt sich beim rechten Bein eine leichte Bewegungseinschränkung erkennen. So lässt das rechte Bein, nur eine Flexion zwischen 80°-90° zu.	**Stufe 0**: Keine Beweglichkeitsdefizite; die Flexion im Hüftgelenk ist im Ausmaß von 90° möglich. **Stufe 1**: Leichte Beweglichkeitsdefizite; die Flexion im Hüftgelenk ist bis zwischen 80-90° möglich. **Stufe 2**: Deutliche Beweglichkeitsdefizite; die Flexion im Hüftgelenk ist nur unter 80° möglich. (nach Janda, 2000, S. 262)
Wadenmuskulatur (Mm. triceps surae)	Stufe 0: Die Testung der Mm. triceps surae bewältigt die Testperson ohne Probleme. So ist eine maximale Dorsalextension zur 0°-Stellung mit beiden Füßen möglich.	**Stufe 0**: Keine Beweglichkeitsdefizite; eine Dorsalextension ist mindestens bis zur 0°-Stellung möglich (90° zwischen Fuß und Unterschenkel). **Stufe 1**: Leichte Beweglichkeitsdefizite; die 0°-Stellung wird nicht erreicht; eine Dorsalextension ist aber möglich. **Stufe 2**: Deutliche Beweglichkeitsdefizite; eine Dorsalextension ist nur bis 10° unterhalb der 0°-Stellung möglich. (nach Janda, 2000, S. 255)

2.3 Interpretation der Testergebnisse

Die Bewertung der Testergebnisse lässt überwiegend positive Rückschlüsse auf die Beweglichkeit des Probanden ziehen. In drei von fünf Beweglichkeitstests erreichte die Testperson das maximale Bewegungsausmaß. Lediglich bei der Hüftbeugemuskulatur sowie der Kniebeugemuskulatur konnte die Testperson nur die erste Stufe erreichen, was auf leichte Beweglichkeitsdefizite rückschließen lässt.

Aufgrund dieser Ergebnisse wird in der nun folgenden Beweglichkeitstrainingsplanung zum einen primär auf die Mm. ischiocrurales sowie den m. iliopsoas eingegangen. Darüber hinaus werden aber auch für die restlichen getesteten Muskelgruppen Übungen gleichermaßen mit in den Trainingsplan integriert, um die gute Beweglichkeit des Probanden weiterhin aufrecht zu erhalten und so auch für eventuelle Leistungssteigerungen im Sport zu sorgen. Durch eine erneute Beweglichkeitstestung lassen sich die Verbesserungen des Probanden schließlich erkennen.

3 Teilaufgabe 3 – Trainingsplanung Beweglichkeitstraining

3.1 Aufbau/Herangehensweise Trainingsplan

Nachfolgend folgt ein, auf den Probanden angepasster, Trainingsplan mit verschiedenen Dehnübungen, um seine Beweglichkeit zu verbessern beziehungsweise instand zu halten. Es wurde sich hierbei ebenfalls auf die fünf verschiedene Muskelgruppen nach Janda (2000) zur Testung festgelegt. Zum einen ist dies der M. pectoralis major, der M. iliopsoas, der M. rectus femoris, die Mm. triceps surae sowie die Mm. Ischiocrurales. Der Fokus liegt hier insbesondere auf dem M. iliopsoas sowie den Mm. ischiocrurales, da hier minimale Bewegungsdefizite vorzuweisen sind. Für diese zwei Muskelgruppen werden in dem Plan je drei Übungen durchgeführt während bei den restlichen Muskeln zwischen einer und zwei Übungen praktiziert werden.

3.2 Dehnübungen

Tab. 8: Trainingsplan Dehnübungen (eigene Darstellung)

Dehnübung	Dehnform & Arbeitsweise	Sätze & Wiederholungen	Muskulatur
1. Dehnung m. pectoralis major am Türrahmen	Statisch / Passiv	3 Sätze a 40 Sekunden	m. pectoralis major
Ausführung: Die Testperson abduziert ihren Oberarm im 45° Winkel und drückt diesen Arm in Außenrotation an einen Türrahmen, um so den m. pectoralis major zu dehnen. Der Zug in der Brustmuskulatur sollte intensiv und deutlich spürbar sein. Mit zusätzlicher Kontraktion im m. trapezius lässt sich die Dehnung zusätzlich verstärken.			
2. Dehnung der Hüftbeuge-muskulatur im Kniestand	Dynamisch / Aktiv	4 Sätze a 15 Wiederholungen	m. iliopsoas
Ausführung: Die Testperson begibt sich mit beiden Knien auf den Boden und setzt nun ein Bein vor dem Körper auf den Boden. Dieses Bein ist nun im Kniegelenk gebeugt. Das hintere Bein liegt hinter dem Probanden mit dem Unterschenkel gerade auf dem Boden auf. Der Körperschwerpunkt wird nun, leicht nach vorne verlagert, um eine Dehnung im m. iliopsoas zu erzeugen. Anschließend wird der Körperschwerpunkt wieder leicht nach hinten verlagert, um so eine dynamische Bewegung zu erzeugen. Der Oberkörper bleibt hierbei durchgehend aufrecht.			
3. Dehnung der Hüftbeuge-muskulatur auf einer Liege	Statisch / Passiv	4 Sätze a 40 Sekunden	m. iliopsoas
Ausführung: Mit dem Rücken auf einer Liege liegend, lässt die Testperson beide Beine von der Liege hängen. Die Hüfte schließt mit dem Ende der Liege ab. Ein Bein wird mit beiden Händen zum Oberkörper hingezogen. Das freie Bein hängt weiterhin über die Kante und in dieser Position wird nun der m. iliopsoas gedehnt. Diese Position wird gehalten während danach das Bein gewechselt wird. Eine Kontraktion des m. glutaeus kann die Dehnung zusätzlich verstärken.			
4. Dehnung der Hüftbeuge-muskulatur im Stehen	Dynamisch / Aktiv	4 Sätze a 15 Wiederholungen	m. iliopsoas
Ausführung: Im aufrechten Stand werden die Hände am Becken fixiert. Nun schiebt die Testperson ihre Hüfte so weit nach vorne, bis ein Zug im Hüftbeuger verspürt wird. Durch das erneute zurück- und vorschieben des Beckens wird eine dynamische Bewegung erzeugt.			
5. Dehnung der vorderseitigen Oberschenkelmuskulatur im Stand	Statisch / Passiv	3 Sätze a 40 Sekunden	m. rectus femoris
Ausführung: Die Testperson übt eine maximale Flexion im Kniegelenk aus. Nun wird mit einer Hand am Knöchel der Fuß Richtung m. glutaeus gezogen. Der Oberkörper bleibt aufrecht, das andere Bein bleibt gerade. Anschließend wird das Bein gewechselt.			
6. Dehnung der vorderseitigen Oberschenkelmuskulatur seitlich liegend	Postisometrisch / Aktiv-Passiv	3 Sätze a jeweils 60 Sekunden	m. rectus femoris
Ausführung: In seitlicher Lage streckt der Proband, zunächst beide Beine aus. Nun wird mit der rechten Hand am rechten Knöchel, der Unterschenkel kranialwärts gezogen, so dass ein Zug am m. quadriceps femoris verspürt wird. In dieser Endstellung wird die Position nun 6 bis 10 Sekunden gehalten, um eine isometrische Kontraktion der Muskulatur hervorzurufen. Danach wird die der m. quadriceps femoris für ca. 3 Sekunden entspannt; es wird in die Ausgangsstellung zurückgekehrt. Anschließend wird durch Erneutes Einnehmen der Dehnposition ein neuer Dehnreiz für 10-20 Sekunden gesetzt. Es folgt erneut eine Entspannung durch Einnahme der Ausgangsposition. Dieses Wechselspiel wird ca. 60 Sekunden durchgeführt. Durch den ständigen Wechsel zwischen Anspannung und Entspannung des m. quadriceps femoris kann bei jedem erneuten Einnehmen der Dehnposition die Bewegungsamplitude erweitert werden.			

Dehnübung	Dehnform & Arbeitsweise	Sätze & Wiederholungen	Muskulatur
7. Dehnung der rückseitigen Oberschenkelmuskulatur im Stand	Dynamisch / Aktiv	4 Sätze a 15 Wiederholungen	m. ischiocrurales
Ausführung: Die zu testende Person begibt sich in den aufrechten Stand. Während das Gesäß leicht abgesenkt wird, befinden sich beide Beine zunächst in einer leichten Flexion im Kniegelenk. Das zu dehnende Bein übt nun eine maximale Extension im Kniegelenk aus und wird gestreckt, leicht vor dem Oberkörper aufgesetzt. Der Oberkörper wird nun so leicht nach vorne gebeugt, bis man eine Dehnung im jeweiligen Beinbeuger verspürt. Durch das leichte Vor- und Zurückbewegen des Oberkörpers wird eine Dynamische Bewegung erzeugt.			
8. Dehnung der rückseitigen Oberschenkelmuskulatur am Türrahmen	Statisch / Passiv	4 Sätze a 40 Sekunden	m. ischiocrurales
Ausführung: Die Person legt sich in Rückenlage in die Nähe eines Pfostens oder Türrahmens. Während das eine Bein gebeugt auf dem Boden aufgestellt ist, wird das zu dehnende Bein mit beiden Händen am Beinbeuger in die maximale Extension gebracht. Nun wird das gestreckte Bein gegen den Türrahmen gehalten. Dieser dient als passiver Widerstand. Um die Intensität zu steigern, kann die Testperson näher an den Türrahmen heranrutschen, um die Dehnung der ischiocuralen Muskulatur zu erhöhen.			
9. Dehnung der rückseitigen Oberschenkelmuskulatur in Rückenlage	Dynamisch / Aktiv	4 Sätze a 15 Wiederholungen	m. ischiocrurales
Ausführung: Die Ausgangsposition für diese Position ist die Rückenlage. Das nicht zu dehnende Bein wird im Kniegelenk gebeugt und auf den Boden aufgesetzt, während das andere Bein in maximaler Extension, mit Beiden Händen an der Oberschenkelrückseite, Richtung Oberkörper gezogen wird. Durch die aktive Kontraktion des vorderen Oberschenkels wird die Dehnung des Beinbeugers verstärkt.			
10. Dehnung der Wadenmuskulatur auf einer Erhöhung	Statisch / Passiv	3 Sätze a 40 Sekunden	m. triceps surae
Ausführung: Der Proband begibt dich auf eine leichte Erhöhung, hier eine Treppenstufe. Er platziert beide Fußballen parallel auf der Kante der Stufe. Die Fersen werden nun Richtung Boden abgelassen. Diese werden so weit abgesenkt, bis eine Dehnung in der Wadenmuskulatur wahrgenommen wird.			

3.3 Belastungsgefüge Dehntraining

Das Belastungsgefüge des Dehntrainings hat zunächst den Fokus daraufgelegt, dass sich die Dehndauer bei statischen Dehnübungen zwischen 25 bis maximal 45 Sekunden pro Seite befindet. Um es der Testperson zu vereinfachen, kann diese alternativ auch zehn bis zwölf langsame Atemzüge in der Dehnposition ausharren und anschließend dann die Seite wechseln. In diesem zeitlichen Rahmen lassen sich positive Effekte auf die Beweglichkeit verzeichnen.

Eine Untersuchung von Freiwald im Jahre 2004, ergibt, dass statisches Dehnen aufgrund seiner längeren Reizdauer, dem dynamischen Dehnen nicht gleichkommt. So spricht er eine Empfehlung von ca. 15 Wiederholungen beim dynamischen Dehnen aus, um einen vergleichbaren Dehnreiz wie bei statischen Dehnübungen zu schaffen.

Darüber hinaus wird mit 3-4 Sätzen/Serien pro Muskel gearbeitet. Das komplette Dehnprogramm sollte 3-4-mal wöchentlich durchgeführt werden, wobei es auch häufiger praktiziert werden kann, sofern die Regeneration keinen limitierenden Faktor darstellt. Wird das Dehnen beispielsweise zum Aufwärmen vor dem Krafttraining genutzt, so sollte die Dehndauer unter 10 Sekunden liegen, da ansonsten der Muskeltonus zu stark abfällt was kontraproduktiv für die Leistungsfähigkeit beim Krafttraining wäre. (Freiwald, 2000)

Es sollte zudem darauf geachtet werden, dass sich die Intensität des Dehnprogrammes im subjektiv anstrengenden/intensiven Bereich befindet, da hier im Vergleich zum weniger intensivem Dehnen deutlich positivere Ergebnisse, im Hinblick auf die maximale Dehnreichweite, erzielt werden konnten. (Marschall, 1999)

Da die Intensitätswahrnehmung von Person zu Person jedoch sehr individuell ist, kann man hier nicht exakt Überprüfen wie intensiv der Proband die Dehnübungen tatsächlich durchführt. Dies sollte immer mitberücksichtigt werden. Die Übungsauswahl des Trainingsplans liegt dem Methodenpluralismus zu Grunde, womit das breite Spektrum aller Übungen für einen optimalen Dehneffekt sorgt.

4   Teilaufgabe 4 – Trainingsplanung Koordinationstraining

4.1   Trainingsplan Gleichgewichtstraining

Tab. 9: Trainingsplan Gleichgewichtstraining (eigene Darstellung)

Übungsnummer	Übungsname
Übung 1	Ausfallschritt fixiert
Ausführung: Der Proband begibt sich zunächst auf seine Knie. Als nächstes stellt er einen Fuß vor dem Körper auf, während das andere Bein ausgestreckt hinter dem Oberkörper liegt. Die Hände sind an der Hüfte platziert. Es wird nun versucht das Gleichgewicht zu halten.	
Übung 2	Ausfallschritte fixiert (Progression 1)
Ausführung: Der Proband schließt nun zusätzlich die Augen und versucht dennoch das Gleichgewicht zu halten. Die Hände bleiben unverändert an der Hüfte.	
Übung 3	Ausfallschritte fixiert (Progression 2)
Ausführung: Als letzten Schritt setzt die Testperson das vordere Bein auf einen Therapiekreisel auf und schließt weiterhin die Augen. Ziel ist es trotz der Unebenheiten des Kreisels nicht aus dem Gleichgewicht zu geraten.	

Übung 4	Zeichnen mit dem Fuß
Ausführung: Die Testperson nimmt einen aufrechten Stand ein und fixiert beide Hände an der Hüfte. Nun hebt sie ein Bein an und zeichnet damit, vor ihrem Körper, ein Unendlichkeitszeichen in der Luft, ohne dabei das Gleichgewicht zu verlieren.	
Übungsnummer	**Übungsname**
Übung 5	Zeichnen mit dem Fuß (Progression 1)
Ausführung: Zusätzlich zur vorherigen Ausführung schließt die Person nun ihre Augen.	
Übung 6	Auf einer Linie gehen
Ausführung: Mit einer Schnur oder einem Band wird auf dem Boden eine gerade Linie gelegt. Die Testperson setzt nun einen Fuß vor den anderen, so dass die Ferse mit der anderen Fußspitze abschließt und läuft auf dem Band in einer geraden Linie nach vorne. Ziel ist es, dauerhaft auf dem Band zu laufen und nicht danebenzutreten, um so bestmöglich das Gleichgewicht zu halten.	
Übung 7	Auf einer Linie gehen (Progression 1)
Ausführung: Zusätzlich werden nun die Arme überkreuzt und fix vor dem Oberkörper gehalten.	
Übung 8	Auf einer Linie gehen (Progression 2)
Ausführung: Es werden nun zusätzlich dazu, Ausfallschritte auf dem Band praktiziert.	
Übung 9	Standwaage
Ausführung: Die Füße werden Hüftbreit nebeneinander aufgestellt. Die Arme werden nach links und rechts auf Schulterhöhe ausgestreckt. Nun wird der Oberkörper nach vorne gebeugt, ein Bein bleibt durchgestreckt auf dem Boden, das andere Bein wird nach Hinten gestreckt, bis der Oberkörper im 90° Winkel zu dem durchgestreckten Bein auf dem Boden steht. Kopf, Hals Wirbelsäule und das hintere Bein befinden sich in einer geraden Linie. Diese Position wird nun gehalten.	
Übung 10	Standwaage (Progression 1)
Ausführung: Zusätzlich zur Standwaage wird nun ein Balancierbrett unter dem Standbein platziert, um die koordinative Beanspruchung zu erhöhen.	

4.2 Belastungsgefüge

Das Gleichgewichtstraining sollte alle 2-3 Tage durchgeführt werden, um eine optimale Regeneration sowie positive Anpassungsprozesse zu gewährleisten. Dabei werden je 3 Sätze pro Seite ausgeführt. Ähnlich wie bei dem Trainingsplan für das Dehntraining, wird sich hier bei statischen Gleichgewichtsübungen, an einer Belastungszeit von ca. 45 Sekunden orientiert während dynamische Übungen in „Wiederholungen pro Seite" gemessen werden.

Die Wiederholungsanzahl liegt hier bei ca. 15 Wiederholungen pro Seite pro Satz. Bei unilateralen Übungen bemisst sich die Pausenzeit an der aktiven Zeit des aktiven Muskels. Während also die eine Seite belastet wird, ruht die andere.

Da die Progression von Übung zu Übung sehr abhängig von der Person ist, lässt sich hier zwar keine genaue einheitliche Progressionsvorschrift aufstellen, wenn man jedoch die wöchentliche Steigerung betrachtet, lässt sich hier mit einer Wiederholung mehr, bei dynamischen Übungen, oder 2-3 Sekunden längerem Ausharren in statischen Übungen nichts falsch machen. Auch der sicherere Stand bei einer Übung bzw. die Übung erst durchgehend absolvieren zu können stellt eine Progression dar.

4.3 Begründung des Trainingsprogramms

Die Begründung des Trainingsprogramms liegt verschiedenen Ansätzen zu Grunde. Es wurde hier der Einfluss der verschiedenen menschlichen Analysatoren betrachtet, welche unsere Bewegungssteuerung- und Anpassung wahrnehmen aber auch diverse Informationen aufnehmen und verarbeiten.

Laut Chwilkowski (2006, S.58-59) gibt es insgesamt fünf, für die Koordination sehr wichtige, Analysatoren. Diese Umfassen den kinästhetische Analysator (Mechanorezeptoren), den taktile Analysator (Hautrezeptoren), den statico-dynamische Analysator (Vestibularapparat), den optische Analysator (Augen) und den akustischen Analysator (Ohren). Speziell auf das Gleichgewicht bezogen ist hier der Vestibularapparat, welcher sich im Innenohr befindet, die Augen, oder aber auch verschiedene Hautrezeptoren, welche das Druckempfinden der Haut regulieren, von großer Bedeutung. So wurde dem Probanden bei der zweiten Übung die visuelle Wahrnehmung entzogen, was es schwerer macht das Gleichgewicht zu halten. Ebenso ist gerade bei der letzten Übung der taktile Analysator in der Fußsohle des Probanden aktiv, um über haptische Reize möglichst gut, das Gleichgewicht zu halten, da der Untergrund nun nicht mehr fix ist.

Hier werden also sowohl über verschiedene Mechanorezeptoren als auch über den taktilen Analysator eine Information über den Untergrund der Füße empfangen, danach umkodiert und aufbereitet, damit letztlich die Information an das zentrale Nervensystem weitergeleitet werden kann, um es dem Probanden so zu ermöglichen, das Gleichgewicht zu halten.

Darüber hinaus lässt sich das Koordinationstraining/Gleichgewichtstraining über verschiedene motorisch-koordinativen-Druckbedingungen anpassen, welche ebenfalls in diesem Plan berücksichtigt wurden. Insgesamt unterscheiden Neumaier und Mechling (1994) zwischen sechs verschiedenen Druckbedingungen. So sind neben dem Zeitdruck, dem Präzisionsdruck, dem Belastungsdruck und dem Variabilitätsdruck, besonders hier der Organisationsdruck und der Komplexitätsdruck von Bedeutung.

Der Präzisionsdruck lässt sich gut in der sechsten Übung erkennen, in welcher der Proband mit größtmöglicher Genauigkeit einen Fuß exakt vor den anderen Fuß setzen muss, ohne dabei das Gleichgewicht zu verlieren.

Der Organisationsdruck hingegen lässt sich wiederum in der dritten Übung erkennen, in welcher der Proband zum einen in den Ausfallschritt muss, dabei zusätzlich die Augen geschlossen halten muss (Ausschalten des optischen Analysators) und währenddessen noch mit einem Bein auf einen Therapiekreisel stehen muss. Die Bewältigung vieler simultaner Schritte ist hier also das Herausfordernde.

Zudem wurden die grundlegenden Didaktischen Prinzipien beim Koordinationstraining miteinbezogen. Zum einen sollte stets darauf geachtet werden, dass der Klient sein Koordinationstraining, immer vor dem Konditionstraining durchführt, um eine Vorermüdung des Zentralen Nervensystems oder auch muskuläre Vorermüdung, im peripheren Nervensystem zu vermeiden. Dies senkt die Anfälligkeit für mögliche Verletzungen.

Außerdem sollte zuerst mit leichten oder bekannten Bewegungsmustern begonnen werden und erst später mit schwereren und anspruchsvolleren Aufgaben fortgeführt werden, wie es in diesem Trainingsplan auch gehandhabt wird. So wird der Proband langsam an die jeweilige Übung herangeführt und hat so einen Gewöhnungsprozess an das jeweilige Bewegungsmuster.

So wird in der ersten Übung mit der Grundlage der Übung gestartet – es werden nur Ausfallschritte praktiziert. In der dritten Übung ist die Aufgabe jedoch deutlich komplexer aufgebaut und verlangt dementsprechend deutlich mehr koordinatives Feingefühl. Gerade bei Übung drei das Stichwort „Organisationsdruck".

Etwaige Steigerungen der koordinativen Anforderungen können so zum Beispiel über die Einschränkung der Informationsaufnahme oder auch durch grundlegend veränderte Ausgangsbedingungen eingeleitet werden.

5 Teilaufgabe 5 – Literaturrecherche: Effekte des Dehnens im Hinblick auf eine Verletzungsprophylaxe

Tab. 10: Effekte eines statischen Trainingsprogramms auf das Verletzungsrisiko der unteren Extremitäten (eigene Darstellung)

Wer hat die Studie durchgeführt?	Kevin M. Cross & Ted W. Worrell
In welchem Jahr wurden die Studien publiziert?	1999
Welche Forschungsfrage wurde untersucht?	Die Effekte von einem statischen Dehnprogramm bezogen auf die Verletzungshäufigkeit der unteren Extremitäten (insb. Muskeln und Sehnen)
Mit welchen Versuchspersonen wurden die Studien durchgeführt?	Studienteilnehmer waren 195 Footballspieler
Wie sah der Versuchsaufbau der Studien aus?	Die Studienleiter analysierten in der ersten Saison 1994 die Muskelverletzungen der 195 Footballspieler genau, um eine Ausgangslage zu schaffen. Hierbei wurden nur die Verletzungen gewertet welche die Spieler länger als einen Tag außer Gefecht setzten. Nachdem sie in der ersten Saison ihre Verletzungsstatistik aufgestellt hatten, führten sie in der zweiten Saison 1995 ein kurzes statisches Dehnprogramm vor dem Sprinttraining mit in die Trainingsroutine ein. In diesem Dehnprogramm wurden jeweils der Beinstrecker, der Beinbeuger, die Adduktoren sowie die Wadenmuskulatur gedehnt. Die Dehndauer betrug je 15 Sekunden pro Seite, wobei jede Seite/Muskel 3-mal gedehnt wurde.
Welche relevanten Ergebnisse und Schlussfolgerungen lieferten die Studien?	Während man im Jahre 1994, 155 Verletzungen festgestellt hat, von welchen 43, Verletzungen an den unteren Extremitäten waren, konnte man im darauffolgenden Jahr 153 Verletzungen beobachten, von welchen allerdings nur 21 Verletzungen an den unteren Extremitäten gewesen sind. Somit ließ sich ableiten, dass durch das statische Dehnen eine Verletzungsreduktion von 48,8% in den unteren Extremitäten gesichert werden konnte.

Tab. 11: Die Auswirkungen von Dehnübungen vor und nach dem Training (eigene Darstellung)

Wer hat die Studie durchgeführt?	Jamtvedt G., Herbert D. R., Flottorp S., Odgaard-Jensen J., Håvelsrud K., Barrat A., Mathieu E., Burls A. & Oxman D. A.
In welchem Jahr wurden die Studien publiziert?	2009
Welche Forschungsfrage wurde untersucht?	Es wurde untersucht, ob das Dehnen vor und nach dem Training eine Auswirkung auf die Verletzungspräventon hat.
Mit welchen Versuchspersonen wurden die Studien durchgeführt?	Die Studienteilnehmer bestanden aus 2377 Erwachsenen Personen, welche regelmäßig Sport treiben.
Wie sah der Versuchsaufbau der Studien aus?	Die Teilnehmer in der Dehnungsgruppe, wurden gebeten, jeweils eine 30-sekündigen Dehnung von Sieben Muskeln der unteren Extremitäten und der Rumpfmuskulatur durchzuführen. Dies sollten sie für 12 Wochen, jeweils vor und nach der Körperlichen Aktivität praktizieren. Teilnehmer der Kontrollgruppe trainierten normal weiter und wurden gebeten sich weiterhin nicht zu dehnen.
Welche relevanten Ergebnisse und Schlussfolgerungen lieferten die Studien?	Die Teilnehmer erbrachten zu jeder neuen Woche enen Bericht über ihren aktuellen Zustand. Am Ende der 12 Wochen kam heraus, dass Dehnen keine klinische oder statistische Signifikanz in Bezug auf das gesamte Verletzungsrisiko liefern kann (HR=0.97, 95% CI 0.84 to 1.13) Jedoch hat das Dehnen das Risiko an lästigen Schmerzen zu erleiden etwas verringert. So betrug das Risiko für lästige Schmerzen bei der Dehngruppe bei 24,6% und in der Kontrollgruppe 32,3%. (OR=0.69, 95% CI 0.59 to 0.82) Dehnen reduzierte zudem das Verletzungsrisiko in Bezug auf Muskel-, Bänder- und Sehnenverletzungen (Inzidenzrate von 0,66 Verletzungen pro Personenjahr in der Dehnungsgruppe und 0,88 Verletzungen pro Personenjahr in der Kontrollgrupp (HR=0,75, 95 %-KI 0,59 bis 0,96) Das Abschließende Ergebnis der Studie sagt aus, dass das Dehnen vor und nach einer körperlichen Aktivität das Gesamtverletzungsrisiko nicht merklich verringert. Dafür trägt es dazu bei, für ein besseres Wohlbefinden zu sorgen und Muskel-, Bänder-, und Sehnenverletzungen etwas entgegenzuwirken.

6 Literaturverzeichnis

Chwilkowski, C. (2006). Medizinisches Koordinationstraining – Verbesserung der Hal-tungs- und Bewegungskoordination durch Propriozeption (2. Aufl.). Köln: Deutsche Trainer Verlag.

Cross, Kevin M. & Worrell, Ted W. (1999). Effects of a Static Stretching Program on the Incidence of Lower Extremity Musculotendinous Strains. Journal of Athletic Training, 1999, 34(1), 11-14.

Freiwald, J. (2000). Dehnen im Sport und in der Therapie. Die Säule, 4 (1), 28–33.

Freiwald, J. (2004). Dehnen – Legenden, Fakten. Vortrag, Waldenburg.

Jamtvedt G., Herbert D. R., Flottorp S., Odgaard-Jensen J., Håvelsrud K., Barrat A., Mathieu E. et. al. (2009). *A pragmatic randomised trial of stretching before and after physical activity to prevent injury and soreness. British Journal of Sports Medicine*, 2010, 44, 1002-1009.

Janda, V. (2000). Manuelle Muskelfunktionsdiagnostik (4. Aufl.). München: Urban & Fischer.

Marschall, F. (1999). *Wie beeinflussen unterschiedliche Dehnintensitäten kurzfristig die Veränderung der Bewegungsreichweite?*. Deutsche Zeitschrift für Sportmedizin, 1999, 50 (1), 5.

Neumaier, A. & Mechling, H. (1994). Taugt das Konzept „koordinativer Fähigkeiten" als Grundlage für sportartspezifisches Koordinationstraining? In P. Blaser, K. Witte & C. Stucke (Hrsg.), Steuer- und Regelvorgänge der menschlichen Motorik (S. 93–105). Sankt Augustin: Academia.

7 Abbildungs- und Tabellenverzeichnis

7.1 Tabellenverzeichnis

BEI GRIN MACHT SICH IHR WISSEN BEZAHLT

- Wir veröffentlichen Ihre Hausarbeit,
  Bachelor- und Masterarbeit

- Ihr eigenes eBook und Buch -
  weltweit in allen wichtigen Shops

- Verdienen Sie an jedem Verkauf

Jetzt bei www.GRIN.com hochladen und kostenlos publizieren